はじめに

ＩＲ＝カジノ＋α

という方程式がある。

　通称ＩＲ。Integrated Resortは日本語で「統合型リゾート」と呼ばれるが、その定義は、「カジノにＭＩＣＥ（Meeting（会議）＋ Incentive tour（報奨旅行）＋ Convention（大会）＋ Exhibition（展示会））、ホテル、ショッピングモール、エンターテインメントを統合（integrate）した施設」と一般的に定義される。特徴としては、リゾートの全面積に対し、カジノの面積はわずか５％程度とされている。

　日本政府には、東京五輪パラリンピックが開催される２０２０年までに外国人観光客数・年間２千万人を達成するという目標がある。ＩＲがその起爆剤になると期待されている。現時点では何も決まっていないが、２０１５年〜２０１６年にかけて、ＩＲを誘致したい地方自治体は「どのようなＩＲを作りたいのか」を計画し、その後、政府に提出することになると言われている。

　ＩＲはカジノの美称だと思われている節がある。私も以前はそう思っていたが、実際に世界のＩＲを巡ってみて、それは違うと思った。私個人はギャンブルをまったくしない。その私が、カジノをまったく利用せずにＩＲを純粋に楽しめたのだ。つまり、ＩＲとカジノとは別物だ。

　この旅行ガイドは、ＩＲ＝カジノ＋αという方程式の「α」にはどういうものがあり得るのか、世界の先例の一端を示す本だ。日本に今後できるであろうＩＲを計画するにあたって参考になれば著者として幸いだ。

　もちろん、単純に世界の楽しいＩＲの旅行ガイドとしてご覧頂いても構わない。

　　　　　　　　　　　　　　　　　　　　　　　　２０１４年１２月５日　著者しるす

Preface (summary)

Japan will have the Integrated Resorts before 2020. In an equation of IR = casino + α(non-gaming), this travel guide shows what can be the "α" in IRs in Japan by showing the examples in the world.

　　　　　　　　　　　　　　　　　　　　　　　　5 December 2014　　Itaru Ishii

日本人のあまり行かない世界のセレブ・リゾート　6
世界のＩＲ（Integrated Resort）
目次

Las Vegas
ラスベガス
（Ｐ５〜Ｐ３４）

Caesars Palace
シーザーズパレス
P6-P12

Bellagio
ベラージオ
P15-P19

Wynn
ウィン
P25-P34

Punta Cana
プンタカナ
（Ｐ３５〜Ｐ４２）

Hard Rock Hotel & Casino
ハードロックホテル＆カジノ

South Africa
南アフリカ共和国
（Ｐ５９〜Ｐ６８）

Sun City
サンシティ

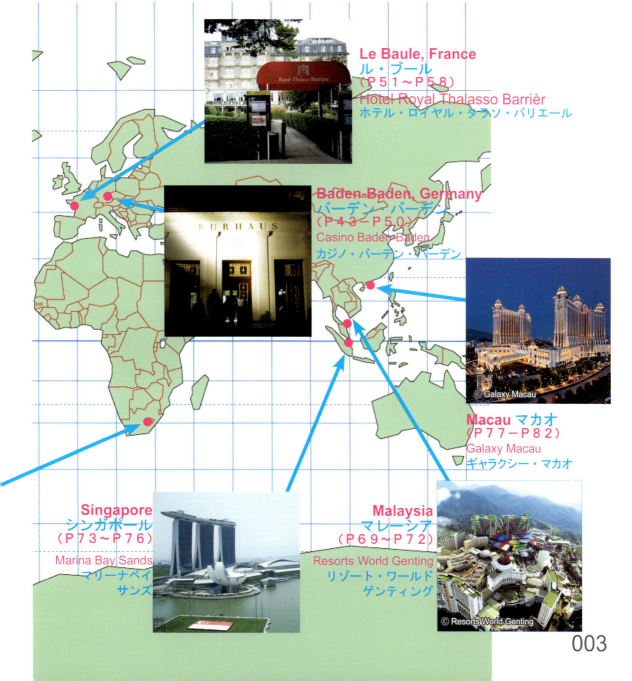

日本人のあまり行かない世界のセレブ・リゾート　6

世界のIR　The Integrated Resorts in the world
目次　Content

ラスベガス P5-34
   シーザーズパレス（P6-P12）
   ザ・クロムウェル（P13）
   リンク／ハイ・ローラー（P14）
   ベラージオ（P15-19）
   アリア（P20-21）
   ミラージュ（P22）
   マンダレイ・ベイ（P23）
   ハッカサン（P24）
   ウィン（P25-34）

ドミニカ共和国 P35-42
   ハードロック・ホテル＆カジノ

ドイツ P43-50
   カジノ・バーデンバーデン

フランス P51-58
   ホテル・ロイヤル・タラソ（ラ・ボール）

南アフリカ共和国 P59-68
   サン・シティ

マレーシア P69-72
   リゾート・ワールド・ゲンティン
   （ゲンティン・ハイランド）

シンガポール P73-76
   マリーナ・ベイ・サンズ

マカオ P77-82
   ギャラクシー・マカオ

雑感（保育園、福利厚生） P83-85
コラム P86-95
袋とじ P94-95
   世界初公開！レイク・オブ・ドリーム
   （ウィン ラスベガス）の動画リンク

Las Vegas.....................P5-34
   Caesars Palace (P6-P12)
   The Cromwell (P13)
   LinQ / High Roller (P14)
   Bellagio (P15-19)
   Aria (P20-21)
   Mirage (P22)
   Mandalay Bay (P23)
   Hakkasan (P24)
   Wynn (P25-P34)

Dominican Republic....P35-42
   Hard Rock Hotel & Casino

Germany......................P43-50
   Casino Baden-baden

France..........................P51-58
   Hotel Royal Thalasso

South Africa................P59-68
   Sun City

Malaysia......................P69-72
   Resorts World Genting

Singapore....................P73-76
   Marina Bay Sands

Macau..........................P77-82
   Galaxy Macau

Other themes.............P83-85
Hidden pages............P94-95
   Internet link of video
   "Lake of Deams" of Wynn Las Vegas

Caesars Palace
シーザーズパレス

シーザーズパレスのコンサート会場「コロッセオ」と言えば、セリーヌ・ディオンのショーが有名だが２０１４年７月末からお休み中だ。代わりに今は、ロッド・スチュワートなどが公演する。ロッドはまもなく７０歳だが元気。シャナイヤ・トゥエイン（ホンダの車のCMソングで有名）も登場する。

The Celine Dion Show has been a famous fixture at The Colosseum at Caesars Palace for a long time. She was the first of many iconic performers to establish a performance residency. Now The Colosseum hosts acts from international super stars such as Rod Stewart, Shania Twain, Elton John, Dianna Ross, Jerry Seinfeld, and many more. Rod Stewart is turning 70 years old soon, but he performs with an amazing energy. Shania Twain's song "Up" is famous as a CM song of a Honda car in Japan.

Caesars Palace

The Forum Shops at Caesars Palace are the highest grossing retail mall in U.S. by square foot, even exceeding Rodeo Drive in Beverly Hills. They have more than 160 shops, from top brands like Louis Vuitton, Tiffany's, Cartier and Christian Dior to the popular shops like H&M (the largest H&M shop in US), and Nike.

シーザーズパレスのショッピング・モール「フォーラム・ショップス」は、ビバリーヒルズのロデオ・ドライブを超す全米一の収益を誇るモールだ。160を超える店舗があり、ルイ・ヴィトンやクリスチャン・ディオールなどの高級ブランドから、H&M（全米一広いH&Mの店）やナイキなどお手軽なお店まで揃う。

Caesars Palace

Caesars Palace is the first integrated resort in the world. Las Vegas had only casinos and hotels at the time when Jay Sarno founded the IR. Sarno put a circus named "Cirsus Maximos", a night club, retail shops and the casino together in 1966, allowing guests to enjoy all forms of entertainment. You find a statue of Caesar when you enter into Caesars Palace. Why Caesar in Las Vegas? Because it is said that Jay Sarno thought a European name would appeal to Americans, and also because he wanted all of his guests to feel like Caesar.

シーザーズパレスに入ると、シーザー像がある。なぜラスベガスにシーザーなのか？ それはシーザーズパレスを造ったジェイ・サルノが、アメリカ人にアピールするヨーロッパ風の名前がいいと思い、デザインしたからと言う。シーザーズパレスは世界で最初の統合型リゾートだと言われている。それまでのラスベガスにはカジノとホテルしかなかった。そこにサルノは、1966年に「サーカス・マキシモ」というサーカスやナイトクラブ、店舗を併設し、カジノの隣を通って行く設計にしたと言う。それが今のラスベガスの原型だ。

Caesars Palace

ガーデン・オブ・ザ・ゴッズ・プール・オアシス（GARDEN OF THE GODS POOL OASIS）も、謎ながら迫力がある。セレブは、プールサイドのカバナで寛いでいる。

Garden of the Gods Pool Oasis a spectacle pool area with 7 pools. The cabanas are decadent and lavish.

バーがプールにあるのは珍しくないが、プールにカジノがあるには驚いた（笑）。
It is a kind of common that there is a bar in the pool. I was surprised, however, that there is a casino in the swimming pool!

009

| Caesars Palace |

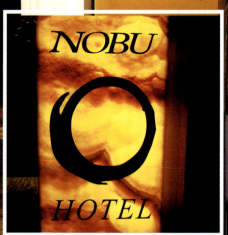

This photo is not that of a corridor of a hotel; it is inside of a hotel room! Caesars Palace launched a new hotel "NOBU HOTEL" in 2014. As you imagine from the name, the hotel is produced by well-known NOBU and it is the very first NOBU HOTEL. It is also connected to the largest NOBU restaurant in the world. I stayed at Nobu Villa, which is 10,500-square-feet with three bed rooms and rooftop sky deck. It offers Strip views.

写真は廊下ではない。室内だ。NOBU HOTEL という新しいホテルがシーザーズパレスの中に2014年にできた。ご想像のとおり、レストランNOBUのNOBUだ。世界初めてのNOBUブランドのホテルだ。私が泊まったのはノブ・ヴィラという部屋だ。約1000平米の広さの3ベッドルーム。スカイデッキと呼ばれえる広いテラスにはバーがあり、ラスベガスの目抜き通り・ストリップを一望できる。そこで、セリーヌディオンがプライベート・パーティーを開いたらしい。

Caesars Palace

BACCHANAL is the No. 1 Las Vegas buffet ranked by USA Today for 3 years in a row. I had the wrong impression and incorrectly thought buffet breakfasts are same everywhere, so did not value the No. 1 ranking. But Bacchanal was truly special. What is the difference? One, they offer foods in small plates, so we eat many kinds of foods. Two, hot dishes are served hot. The fanny shape instrument in the photo is called "Finger Mitts". It makes it possible to hold a very hot plate by fingers. They offers 9 stations, Mexicans, Italian, Chinese, Japanese, American (BBQ), Seafood, Pizza, Deli (soups, cheeses, salads), and Dessert.

シーザーズパレスの朝食は、USA TODAY紙で3年連続全米NO.1にランキングされた「バッキャナル」のブッフェが有名だ。正直なところ、「ブッフェはNo.1だろうが、そんなのはどこもあんまり変わらないでしょ」と思っていたが、No.1になるだけの違いはあった。料理が小皿で提供されている。色々な種類が食べられるようにという配慮だ。また、温かい料理は温かく食べられるようにお皿が熱い。それだと手に持てないので、写真のゴム状の道具を使う。フィンガー・ミットと言うらしい。初めてみたが、私の勉強不足だろうか。

Caesars Palace

ミシュラン2つ星「ギー・サボア」。ショーの前の早い時間に軽く食べることができる。ギー・サボアと言えば、定番の「アンティチョークとブラックトリュフスープ」が有名だ。ブラック・トリュフバターを塗ったマッシュルーム・ブリオッシュのトーストを入れて食べると美味だが、一番感動したのは下の写真の「フォアグラ・インフュージュン」。ぜひご賞味あれ。

Caesars Palace has "Guy Savoy", a famous Michelin 2 star French restaurant and the first Michelin Star restaurant in Las Vegas. You can enjoy the wonderful dishes before you go to shows. Their specialty, "Artichoke and Black Truffle Soup", is very tasty. But I like Foie Grao "Biter Infusion" the best. For me, a Japanese, it is a surprising way to use Japanese tea leaves.

アミューズの「フレンチ・バーガー」。フォアグラが挟まっている。
An Amuse-bouch "French Burger" has a small foie gras

メインの準備として、スープでお茶をつくる。
As a preparation for the main dish on the left, they pour a soup into Japanese tea leaves.

そのスープ茶をかける。フォアグラ"ビター・インフュージョン"
They pour the soup tea into foie gras. This is Foie Gras "Bitter Infusion".

ストリップ初めてのブティックホテルとして「ザ・クロムウェル」が２０１４年４月にオープン。確かに写真の通り、随分とおしゃれな雰囲気だ。アメリカらしくないと言うと、アメリカの人に怒られるだろうか（笑）。

The first boutique hotel along Strip, "The Cromwell", opened in April 2014. As you see this photo, the atmosphere is so sophisticated.

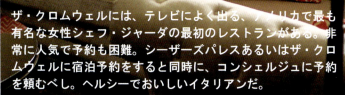

ザ・クロムウェルには、テレビによく出る、アメリカで最も有名な女性シェフ・ジャーダの最初のレストランがある。非常に人気で予約も困難。シーザーズパレスあるいはザ・クロムウェルに宿泊予約をすると同時に、コンシェルジュに予約を頼むべし。ヘルシーでおいしいイタリアンだ。

The Cromwell has a new and very popular restaurant for healthy Italian cuisine called "Giada". This is the first restaurant of the most famous female TV chef Giada De Laurentiis. You had better ask the concierge to make reservation for this place when you make reservation to stay at Caesars Palace or The Cromwell.

LinQ

リンク（LinQ）は遊歩道に面してお店が並ぶ、ラスベガスでは新しいタイプのショッピングエリアだ。その奥にあるのが世界で最も高い観覧車「ハイ・ローラー」だ。高さ１７０ｍ。カゴ一つに最大４０人が乗れる。一周３０分。お誕生会や結婚式にも使われる。

LINQ is a new type of shopping area in Las Vegas with retail shops and restaurants along an outdoor promenade. You can enjoy walking there. At the end of the promenade, you find the world's tallest observation wheel "The High Roller" at 550 feet. A maximum 40 people can enter to a car and it takes 30 minutes for a ride. Sometimes wedding ceremonies or birthday parties are held inside.

Web Information (from P6 ～ P14)

Caesars Place http://www.caesarspalace.com
The Cromwell http://www.thecromwell.com
The LinQ http://www.caesars.com/linq

Bellagio ベラージオ

映画「オーシャンズ12」や「007 カジノ・ロワイヤル」で登場したイタリア北部の湖・コモ湖。その湖畔にあり、王室や富豪、ハリウッドスターの別荘が立ち並ぶ街ベラッジオにちなんで名付けられたホテルがこのベラージオだ。

There is a lake named "Lake Como" in North Italy and you find the lake in movies like "Oceans 12" and 007 series movie "Casino Royale". Bellagio is a town located along the lake and it has many aristocrats'and celebrities' villas. The resort Bellagio in Las Vegas was named after the town.

© Bellagio

Bellagio

Bellagio is a very beautiful hotel with a lot of flowers. Steve Wynn, sometimes who is called "King of Las Vegas", built it in 1998 and now MGM Resorts International owns and operates it.

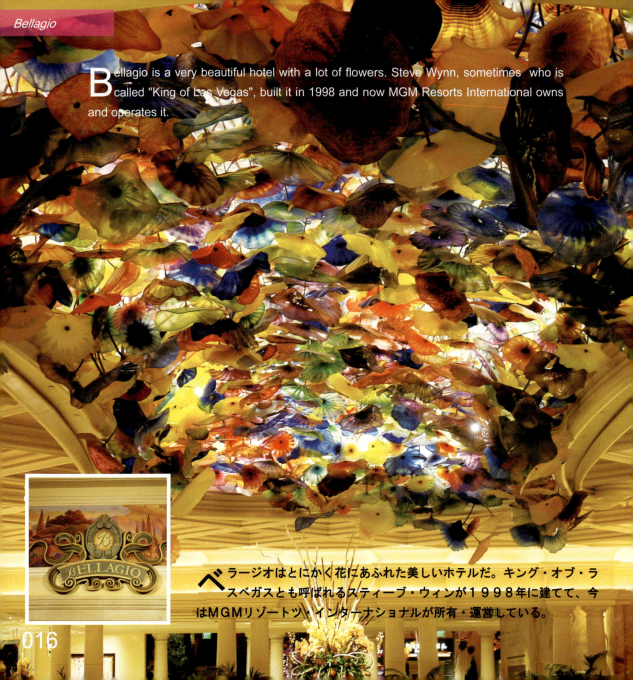

ベラージオはとにかく花にあふれた美しいホテルだ。キング・オブ・ラスベガスとも呼ばれるスティーブ・ウィンが１９９８年に建てて、今はＭＧＭリゾーツ・インターナショナルが所有・運営している。

Bellagio

ロビーの花の展示は年に5回変えられる。
The flower exhibition at the lobby is changed five times a year.

Bellagio

ベラージオと言えば、アイドル映画「花より男子F」でも登場した噴水ショーが有名だ。日本人だと「たかが噴水で感動するわけがない」と高をくくっているに違いない。が、実際に観ると感動する。名曲に合せて繰り広がれる噴水を目の前で観るのがポイントだ。一番よいのは、イエローテールという日本食レストランのテラス席だ。予約が困難なので、ベラージオを予約すると同時に、コンシェルジュに予約を頼むが一番確率が高い。イエローテールも「なんちゃって日本食」ではあるのだが、そこのビック・アイ・ツナ・ピッツァは美味しくてびっくり。日本人では考えつかない料理だ。

Bellagio is famous for Fountain of Bellagio. I guess most Japanese people may think that "the fountain is not so interesting, because a fountain is just a fountain". But I am sure it is much more than your expectation. The fountain show with famous American tunes is fun. I strongly reccomend you to look at it at terrace seat in a Japanese restaurant Yellowtail. The restaurant's dishes may not be regarded as Japanese foods for Japanese. But Big Eye Tuna Pizza is so tasty, which we Japanese can not create, because we Japanese have a prejudice about what Japanese foods have to be.

Bellagio

Cirque du Soleil® "O™." has the international cast of world-class acrobats, synchronized swimmers, divers and characters perform in, on, and above water to create a breathtaking experience. From Wednesday to Sunday, 2 times a day at Theater "O" in Bellagio.

シルク ドゥ ソレイユの「O」は、世界各国から集まった一流のアクロバット演技者、シンクロナイズド スイマー、ダイバー達が、あるときは水中で、あるときは水上で、息を飲むパフォーマンスを繰り広げる。水曜日から日曜日まで1日2回、ベラージオ内の「O」シアターでパフォーマンスが行われる。

Ⓒ Bellagio

Aria

アリアのメインビルの正面。
The main building of ARIA

床近くの空調設備
Air conditioner near floor

アリアの天井は高い
The ceiling is high at ARIA

　ストリップからはずれたところに、2009年、アリアという名前の新しいコンプレックスが登場した。MGMの運営だ。もちろん、ここにはカジノも、ホテルも、シルク・ドゥ・ソレイユも、ショッピングモールも、コンベンションセンターも、レストランも一通りあるが、ラスベガスにたくさんあるホテルの中でわざわざ紹介するには理由がある。他では見かけない2つの特徴があるからだ。

　ひとつは、新しい技術やアイディアを使った環境対策だ。昔ながらのラスベガスのカジノと違い、アリアの天井は高い。普通に冷暖房をしていては効率が悪い。そのため床の温度を直接変えたり、あるいは床近くで冷暖房を行っている。左下のスロットマシーンの写真を見てほしい。スロットマシーンの下のラジエターみたいなところがエアコンの吹出口だ。

　もう一つは、住居が一緒になっている点だ。右のページの写真がビア・タワーという分譲マンションだ。今は、発売当時よりも安くなっていてお買い得だ。

A new complex, the ARIA campus, appeared in 2009 located on the central Las Vegas Strip. The place, MGM operates, has everything like casinos, hotels, retails, covention center, restaurants and Cirque du Soleil® as same as the other hotels in Vegas. There is two reasons why I would like to introduce ARIA in this travel guide among many hotels in Las Vegas.

One. It has new eco-friendly ideas and technologies. This comparatively new place has high ceiling compared to the other traditional hotels there. The normal air codition system would not work. Look at the photo in lower left in page 20. We can find an air output below a slot machine. Air conditioning is made near the floor or by change of temparature of floor itself.

Another point is that ARIA has a residence area. The name of residential area is called "Veer towers". The photos are shown in left.

Aria

住居棟のビア・タワー
Veer Tower, residence area

屋上のスイミング・プール
Swimming pool at a rooftop

モダンな室内
Modern condo

Mirage

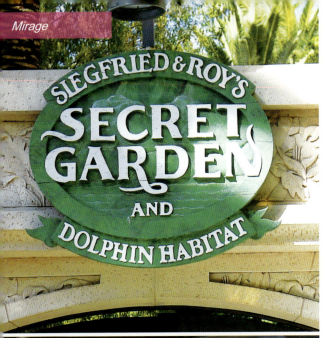

1989年にスティーブ・ウィンが建てたミラージュは、今はMGMが所有・運営している。そこに「秘密の庭とイルカ生息地」(Secret Garden And Dolphin Habitat)というところがある。そこでは、ホワイト・ライオンやホワイト・タイガーが身近に見られるほか、イルカと握手したりキスすることができる。とりわけどもたちに人気の場所だ。

Mirage, Steve Wynn built in 1989 and now MGM owns and operates, has Secret Garden And Dolphin Habitat. We can see precious white lions and white tigers there. Also we can shake hands (a photo in lower right) and kiss with a dolphin (lower left). This place is very popular especially among children.

イルカと握手
Shake hands with a dolphin

ホワイト・ライオン
White lions

マンダレイ・ベイというホテルには、ラスベガス最大級の広さを誇るコンベンション・センターがある。約１６万平米、東京ドーム約３個強分の広さだ。１万人規模のコンベンションを３つ同時に開催できる広さ、人員、運営ノウハウがある。面白いのは水族館の水槽の魚を観ながら会議ができる部屋（写真右下）もある。ラスベガスの大相撲トーナメントも行われる（写真下の会場）。

Mandalay Bay is of one of the largest convention centers in the United States, 1.7 million square feet. They can hold three conventions of over 10,000 people size at the same time. They also have an interesting small space for meeting "Seascape at Shark Reef Aquarium"(lower right). Grand Sumo Las Vegas was also held there (below).

１万人規模の会議も実施可能
Possible to hold a convention with 10,000 people.

大相撲トーナメントも行われた
Grand Sumo Las Vegas was held here.

水族館の魚を観ながら会議ができる
Seascape at Shark Reef Aquarium

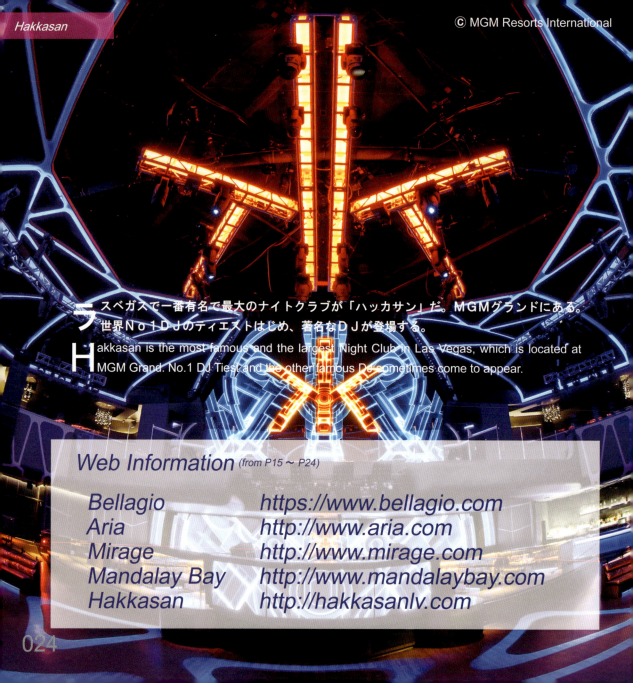

Hakkasan

© MGM Resorts International

ラスベガスで一番有名で最大のナイトクラブが「ハッカサン」だ。MGMグランドにある。世界No１ＤＪのティエストはじめ、著名なＤＪが登場する。

Hakkasan is the most famous and the largest Night Club in Las Vegas, which is located at MGM Grand. No.1 DJ Tiest and the other famous Dj sometimes come to appear.

Web Information (from P15 ~ P24)

Bellagio	https://www.bellagio.com
Aria	http://www.aria.com
Mirage	http://www.mirage.com
Mandalay Bay	http://www.mandalaybay.com
Hakkasan	http://hakkasanlv.com

Wynn

Wynn Las Vegas
ウィン ラスベガス

クオリティではラスベガス・ナンバーワンだろう。キング・オブ・ラスベガス、スティーブ・ウィンの現在の到達点がこれだ。ウィンの隣に姉妹ホテル・エンコアが並ぶ。

I personally think that Wynn is number 1 in terms of quality. This is the current attainment point for Steve Wynn, the King of Las Vegas. There is a sister hotel, Encore, which is next to Wynn.

© Robert Miller

Wynn

ベラージオの名物が噴水だとしたら、ウィンの名物はこの「レイク・オブ・ドリーム」だ。幅約60m、奥行き約30mの「湖」を舞台に様々なショーが、夜7時半から夜中1時半まで30分毎に繰り広げられる。特別にこの本では、そのオフィシャル動画を世界初公開でご覧頂ける（P95の袋とじをご覧頂きたい）。

The Lake of Dreams is an environmental theater that has a variety of unique shows that run every 30 minutes beginning at 7:30 p.m. and concluding at 1:30 a.m. The lake is 200 feet wide and 4 feet deep. The readers of this travel guide can have a special look of the show with the video, the linf of which is shown in a hidden page 95.

© Wynn Las Vegas

Wynn

© Wynn Las Vegas

ベスト・ショー・イン・ラスベガスに4年連続選ばれた（Southern Nevada Hotel Concierge Association）ウィンのショー「ル・レーブ ドリーム」には、シンクロ元日本代表の二人（小林寛美さん・小林祐加子さん姉妹）が登場する。

Le Rêve- The Dream, recently voted "Best Show in Las Vegas" for the fourth year in a row by the Southern Nevada Hotel Concierge Association, has two Japanese synchronized swimmers, Hiromi and Yukako.

ウィンとエンコアそれぞれにザ・エスプラネイドという名前のショッピングエリアがある。ウィンに２７店舗、エンコアに１０店舗と数は少ないが、選ばれた最高級ブランドが入っている。

The Esplanade at Wynn Las Vegas boasts 27 high-end retail stores and the Esplanade at Encore has 10 stores. Both locations carry everything from runway fashion to evening wear and everyday accessories.

© Wynn Las Vegas

Wynn

ウィンにもスパがあるが、ウィンと繋がっている姉妹ホテル・エンコアの「ザ・スパ・アット・エンコア」は写真の通り、足を踏み入れた瞬間からリラックスできる空間が広がる。拙い経験では、今のところ、海外のスパで納得が行くレベルの施術はワットポー出身者によるものだけなので、ぜひウィンでもワットポーの卒業生を採用してほしい。

Though Wynn has its own Spa, the sister hotel Encore, linked together, has The Spa at Encore. It has wonderful reluxing atmospher from the fist step into the space. Comparing to the suprime levels in any other field of Wynn, the therapy I had was an average. I reccomend Wynn to hire therapists who graduate Wat Poo in Thailand, like the other first class resorts' Spa.

© Wynn Las Vegas

フランク・シナトラ好きには堪らないレストランだ。入口にはフランク・シナトラの写真や友人たちとやりとりした手紙などが展示されている。料理はモダン・イタリアン。BGMはフランク・シナトラの名曲だけでなく、シナトラが親交があった同時代のアーティストの曲が流れる。

Near the restaurant's entrance, there are photos of Frank Sinatra and his friends including Steve Wynn, along with letters penned by his friends such as Sammy Davis, Jr. The cuisine is modern Italian. The restaurant's soundtrack features classic Sinatra, as well as tunes from his friends including Dean Martin, Sammy Davis, Jr. and Tony Bennett.

© Wynn Las Vegas

Wynn

ラスベガスのストリップにゴルフ場があるのはウィンだけ。ラスベガスでは色々やることが多いので、往復の時間をかけずに短時間でゴルフができるのは魅力。

Wynn is the only property on the Las Vegas Strip that has a golf course. As you know, we have a lot of things to do in Las Vegas. It is nice to play golf without having to waste time by traveling to a suburb.

© Wynn Las Vegas

Wynn

Popeye. artist : Jeff Koons

ウィンはアート作品にあふれている。それもインパクトの強い作品が多い。写真はいずれもアメリカ人アーティストのジェフ・クーンズの作品だ。また、太ったモナリザの絵で有名なコロンビアのアーティスト・ボテロの作品もある。現代作家だけでなく、18世紀の作品もあり、多種多様な構成だ

Wynn has an art collection that boasts strong impression. The photos here are pieces from Jeff Koons, an American artist. Additionally, guests can find paintings by Fernando Botero, a Columbian artist famous for the Fat Mona Lisa, at the resort. There are not only modern pieces at Wynn, but 18th century works as well.

ジェフ・クーンズ作　チューリップ
Tulips artist : Jeff Koons

Wynn

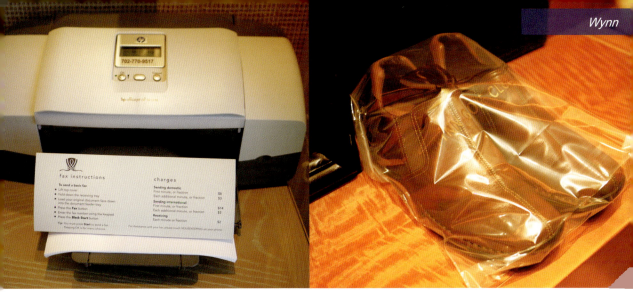

細かいところにも気が配られている。たとえばFAX。多くの客室に１台ずつ入っている。今どきアメリカにFAXがあるのかと思ったが、ウィンに泊まるようなお客さんには守秘は大事で、その点ではFAXが一番だ。また、ゴルフをしている間に靴を磨いてくれたり、ゴルフバッグにつけるギフトとしてネームプレートを作ってくれたりする。部屋のキーカードも名前入りだ。

Wynn provides an impressive attention to detail for guests, along with personalized services. For example, many of the rooms at the resort have fax machines. In terms of security, fax machines are better than e-mail. When you play golf, your shoes are polished before you begin playing and a name tag for the guest's golf bag is made as a special gift. On the card room key, guests' names are printed.

Hard Rock Hotel & Casino

Hard Rock Hotel & Casino

Punta Cana Dominican Repulbic

Punta Cana, the east side of Dominican Republic, is the popular beach resort. Punta Cana International airport has more than 5 million annual passenger movements and direct flights to New York, London, Paris, Frankfurt and so on. Hard Rock Hotel & Casino is located at 30 minetes drive distance from the airport with US$ 50 fare.

プンタカナはドミニカ共和国の東部に位置する人気のビーチリゾートだ。プンタカナ国際空港は年間乗降客数が5百万人を超え、ニューヨーク、ロンドン、パリ、フランクフルトなどから直行便がある。ハードロック・ホテル&カジノは車でプンタカナ空港から約30分（タクシー50米ドル）のところにある。

Hard Rock Hotel & Casino

個人的に、プンタカナは世界で一番好きな場所のひとつだ。この素晴らしいビーチで何もせずに過ごすのは最高だ。年間を通じて気温は安定し、平均最高気温３２度、平均最低気温が２１度と気持ちが良い。
Personally Punta Cana is one of my most favorite places. I like getting a tan on the beach in Punta Cana. The temparature is yearly stable, between 70F and 90F.

Hard Rock Hotel & Casino

The resort has many swimminng pools. One of them is for children.
ビーチだけでなくプールも充実。子供用もある。

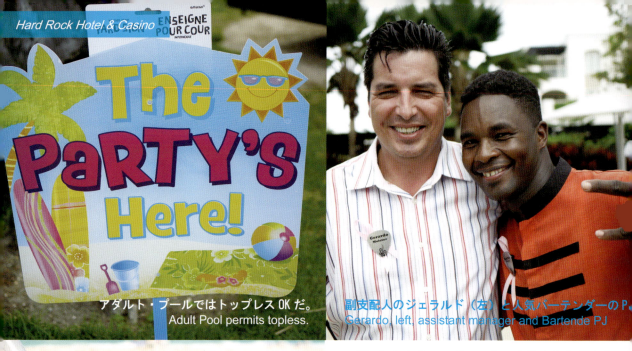

アダルト・プールではトップレスOKだ。
Adult Pool permits topless.

副支配人のジェラルド（左）と人気バーテンダーのPJ
Gerardo, left, assistant manager and Bartende PJ

カリブのビーチはやっぱりピニャコラーダ！
Pina corada fits the best for the Carribean beach!

　プンタカナのハードロック・ホテル＆カジノの特徴は、ラテンの明るさだ。なので、日本で高級料理のはずの鉄板焼きも、右ページのように、にぎやかでカジュアルだ。また、世界に20以上あるハードロック・ホテルの中で最大の1800室。さらに唯一のオールインクルッシブ・リゾートだ。基本的には何を食べても飲んでも料金に含まれる。

The atmosphere of the resort is very Carribean. Even "Teppan Yaki" place (photos in right page) is very casual and noisy, though it is a luxury food with quiet space in Japan. Among over 20 Hard Rock Hotels in the world, this Punta Cana resort has the most rooms, 1800 rooms, and the sole all-inclusive resort. It means that whatever you eat and drink, basically the cost is all Included in the hotel fare.

Hard Rock Hotel & Casino

鉄板焼のシェフは、玉子焼をヘラで数センチ四方に切り、それをヘラで投げてくる。客は口でそれをキャッチする（笑）。
The chef of Teppan Yaki, cooking an omelette and making it into small pieces, throws a piece by his spatula. Each guest trys to receive it by their mouth.

鉄板焼のフライドライス
Fried rice served at Teppan Yaki place

私の好物のセビチェ
Ceviche, my favorite dish

Hard Rock Hotel & Casino

マッサージが終わるとギターを鳴らして教えてくれる
The therapist sounded the guitar to wake me up, when the massage was fiinished.

040
rock spa
DIAL THE SPA TO BOOK AN APPOINTMENT.
© Hard Rock Hotel & Casino

世界中のハードロック・ホテルでゴルフ場があるのはプンタカナだけ。ドミニカにはゴルフ場がたくさんある。主にアメリカのゴルフ好きが週末ごとにやってくる。ホテルにはロック・スパというスパもあり、施設は充実している。何よりもびっくりしたのは「リズム＆モーション」というマッサージ。世界でもここだけ。ボディソニックの音楽に合わせてマッサージが行われる。不思議な感覚だ。

Hard Rock Golf Club is only at Punta Cana among all Hard Rock hotels. Dominican Republic is a popular destination for American golfers. What I was impressed was "Rhythm and Motion" massage at Rock Spa. The massage is given syncronized with the music conveyed to the body.

Hard Rock Hotel & Casino

カジノ内の写真撮影は世界のほとんどのカジノで断られたが、ここはOKだった。カジノ責任者ジェス・チャベス氏は「今では誰もがスマホで写真をとり、SNSにアップする。写真を撮るなというのが非現実的だ」という意見の持ち主だ。このジェス氏は、カジノ業界の革命児になるかもしれない。写真のとおり、毎晩カジノでパーティーのように盛り上げるイベントを行う。また、カジノのゲームで寄付する仕組みを考えだし、特許申請中とのこと。

Normally taking photos in casinos is prohibited. But it was Okey here. General Manager of this casino, Mr. Jess Chavez, said "Now everybody takes photos with their phone and posts it in on FaceBook. It's impossible to prohibit taking photos nowadays." He is innovative. He holds special events like this photo every night at the casino. He is also the inventor of a charity donation system within casino games for which his company has applied for its international patent.

カジノ責任者ジェス・チャベス氏
Mr. Jess Chavez, Casino General Manager

Hard Rock Hotel & Casino

ハードロック・ホテルでは、どこにでもロッカーの名言がある。ここはコンベンションセンター。

A words mentioned by Guns N' Roses "Welcome to The Jungle" is on the wall of Convention Center.

Web information   www.hardrockhotelpuntacana.com

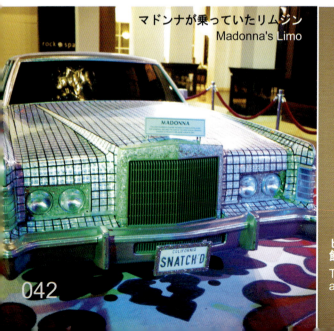

マドンナが乗っていたリムジン
Madonna's Limo

ビジネスセンターの壁には、絵ではなく音楽契約書が飾られている

The wall in Business Center has a music contract as the ornament

042

Casino Baden-Baden

Baden-Baden
Germany

ラスベガス、マカオ、シンガポールのどことも違う重厚な雰囲気が、バーデン・バーデンにはある。
Casino Baden-Baden, the oldest casino in Germany, has the ambience of the Belle Epoque, very different from Las Vegas, Macau and Singapore.

Casino Baden-Baden

ドイツ語でバーデン（Baden）という言葉は「入浴する」という意味を持つ。ドイツ語圏に複数のバーデンという地名があったため、バーデン＝ヴュルテンベルク地方のバーデンという意味でバーデン・バーデンと呼ばれるようになった。いわゆるシュヴァルツヴァルト（黒い森）の玄関口に位置する街だ。写真でご覧のとおり、森に囲まれている。黒い森で有名なのは、鳩時計、燻製ハムのシュヴァルツヴェルダー・シンケンや、サクランボの蒸留酒キルシュヴァッサーだろう。ヘルマン・ヘッセの出身地で「車輪の下」で描かれているカルフという街はバーデン＝バーデンの東にある。

A word "Baden" means "to take bath" in Germany. Because there are several towns named "Baden" in German language area, they started called it "Baden-Baden", because this town in located in an area called Baden-Württemberg. This town is located at the foothills of the Black Forest. As you see this photo, it is srounded by forests. Black Forest is famous for cuckoo clocks, a smoked Black Forest ham, and a Black Forest Cake with kirsch, fruit brandy traditionally made from a dark-colored cultivar of the sour cherry. The scene of "Beneath the Wheel", a 1906 novel written by Hermann Hesse, is a town "Calw", east to Baden-Baden.

© Baden-Baden Kur & Tourismus GmbH

Casino Baden-Baden

ローマ時代の温泉の遺跡
Roman Bath ruins

紀元前58年から紀元前51年にかけて、あのジュリアス・シーザーがガリア地方（今のフランス、ベルギー、スイス等）に遠征し，その全域を制服した。いわゆるガリア戦争である。その時、このバーデン・バーデンに温泉が造られた。まさしく、テルマエ・ロマエである。その遺跡がシュティフト教会の地下にある。

Julius Caesar conquered an area called "Gaul", mainly present day France and Belgium, from 58 BC to 50 BC. It is called Gallic Wars. A hot spring spa was made at the time. We see the Roman bath ruins in the basement of Stiftskirche church.

ローマ時代の温泉では女性はビキニで温泉に入っていた。
Roman ladies wore bikini when they took bath.

045

Casino Baden-Baden

写真のモダンなスパがカラカラスパ。カラカラスパは水着着用。右下の写真はフリードリッヒ浴場は裸で、週末は混浴だ。

This modern spa is Caracalla Spa. You need to wear a swimming wear. Friedrichsbad - The Roman-Irish Bath (lower right photo) is a nudist bath and men and women bathe together for weekends.

カジノ・バーデン・バーデンは「クアハウス」にある。
Casino Baden-Baden is located at "Kurhaus".

バーデン・バーデンは競馬でも有名だ。
Baden-Baden is also famous for horse races.

ドストエフスキーの像がある。小説「賭博者」の舞台がバーデン・バーデンだとされている。
There is a statue of Dostoyevsky, a Russiam novelist. He was inspired by the Casino Baden-Baden fro his novel "The Gambler".

カジノ・バーデン・バーデンは「クアハウス」という建物の中にある。クアハウスと言えば、温泉保養所という意味だが、この「クアハウス」には温泉はない。命名の理由は現地のガイドにも聞いたが、謎だ。中に入るとＰ４３のような重厚なカジノがある。

Casino Baden-Baden is in the building named "KURHAUS". Normally Kurhaus means a health resort with hot spring, but this KURHAUS does not have any Spa inside. I asked to the local guide the reason why the casino place is called Kuahaus, but she did not know either. Entering into the inside, there is a casino with ambience of the Belle Epoque shown in page 43.

047

Casino Baden-Baden

ルーレットには、アメリカン・ルーレットとヨーロピアン・ルーレットとあると言われている。一般に、アメリカン・ルーレットでは「0」と「00」があるが、ヨーロピアンでは「0」しかないとされる。特定の数に掛けてあたったときに戻るチップの倍率が３６倍だから（アメリカンであれば本来は３８倍でないと公平でない）、その差だけカジノ側が確率的に儲かることになる。

しかし、ここバーデン・バーデンでは、アメリカンルーレットと「フレンチ」ルーレットの２種類があり、かつ、説明の内容が異なっていた。フレンチルーレットではチップの色は金額によって変わる（たとえば黒は１枚１００ユーロのように）。しかし、アメリカンルーレットでは、プレイヤーが自分のチップの色を選び（たとえば「僕は赤」という具合に）、チップ１枚あたりの金額を自分で自由に設定できるという。第二次大戦後、米ドルが強くなったため、チップが不足しないように、そういう仕組みをつくったそうだ。

In Japan, there are two types of roulette, the American and the European. The American type has "0" and "00" and the European only "0". When the particular number you bed becomes as same as the number the ball stops on the wheel, you win. The "odds" are 36:1. But there are 37 or 38 places to bet. The difference is the profit of casino operaters. In Baden-Baden, however, the definition of American roulette is different. It is the way in which you pick up one color among many colors of tokens and you can decide how much each token is. After the World War II, U.S. Dollar got very strong against Deutche Mark, they invented such a new way to avoid the shortage of tokens.

Casino Baden-Baden

「黒い森」のマスのソテー
Sautéing of Trout from Black Forest

さくらんぼの蒸留酒をつかったキルシュトルテ
Black Forest Cake with kirsch, fruit brandy traditionally made from a dark-colored cultivar of the sour cherry

ドイツでも近年はノン・アルコールビールが流行っている。
Nawaday non-alcohol beer is popular even in Germany.

バーデン・バーデンでは、「黒い森」の伝統料理が楽しめる。マス（トラウト）の料理や、キルシュバッサー（さくらんぼの蒸留酒）を使ったトルテは名物なのでぜひ食べてみてほしい。また、最近では、ビールの本場のドイツでもノン・アルコールビールが流行っているという。飲酒運転の取締りが厳しいらしい。日本のノン・アルコールビールよりもおいしい。

You enjoy the local food in Black Forest. I recommend you to taste both Trout from Black Forest and Black Forest Cake. Lately non-alcohol beer is popular even in Germany, because driving cars after drinking of alcohol is strictly prohibited now. Non-alcohol beer in Germany is much better than that in Japan. Baden-Baden is famous for its rgional wines, too.

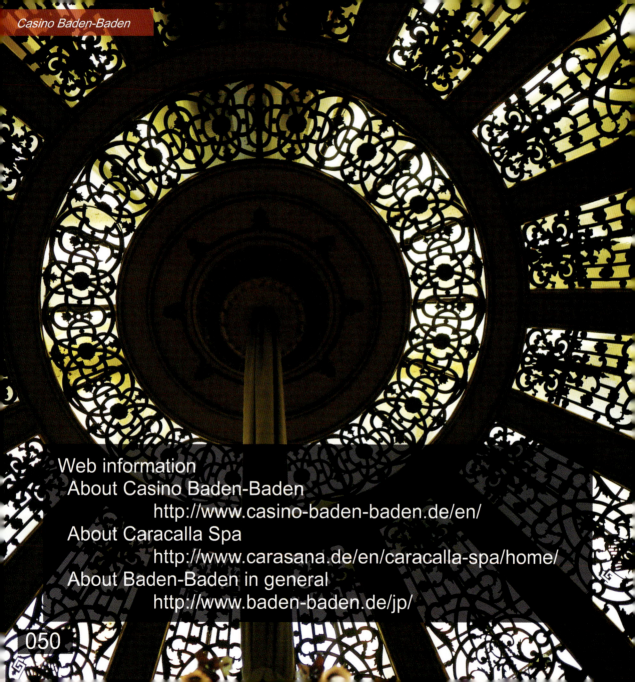

Casino Baden-Baden

Web information
 About Casino Baden-Baden
            http://www.casino-baden-baden.de/en/
 About Caracalla Spa
            http://www.carasana.de/en/caracalla-spa/home/
 About Baden-Baden in general
            http://www.baden-baden.de/jp/

Royal-Thalasso Barrière

Hotel Royal-Thalasso Barrière is located along the beautiful seashore in a city named La Baule, France. Casino Barrière La Baule is next to the hotel. You fly to Nante airport and one hour derive takes you there. Or about 3 hour ride of TGV from Paris. Parisien and Parisienne visit the area for weekends.

Royal-Thalasso Barrière

La Baule, France

南ブルターニュ地方の街・ラボールの海沿いに、ホテル・ロイヤル・タラソ・バリエールがある。カジノ・バリエール・ラボールは隣接する。ナント空港まで飛行機で行き、そこから車で１時間。あるいは、パリからはＴＧＶで３時間。週末を過ごしにパリジェン・パリジェンヌがやってくる。

Royal-thalasso Barrière

ラ・ボールは空気が本当に綺麗なところだ。早朝、海風にあたりながら深呼吸すると生き帰る気がする。
The air in La Baule is really fresh. I recommend you to walk along the coast in early morning and to take a deep breath.

ホテルの敷地は花で一杯だ。
The garden of the hotel is full of flowers.

Royal-Thalasso Barrière

メリーゴーランドは子供連れに人気だ。
The carousel is popular for families with small kids.

ホテルは海沿いに建っている。
The hotel is located along the seacoast.

綺麗な空気と海に恵まれたラボールにある、ホテル・ロイヤル・タラソ（フランス語読みだと、オテル・ロワイヤル・タラソ）はその名から想像できるとおり、タラソテラピーで有名だ。全身泥パックは体重減少と肌の保湿に即効性があってびっくりだ。海水を温めた温水プールもある。老若男女・三世代で宿泊する客も少なくない。

Hotel Royal Thalasso Barrirère is in La Baule, which has clean air and sea water. As you can imagine, the hotel is famous for thalassotherapy. In my case, the Mineral Sea Mud Body Pack had an instant effect in weight reduction and smooth skin. The hotel has a heated sea water pool as well. I found some families with three generations, grand parents, parents and kids.

Royal-thalasso Barrière

ホテルのメインダイニング、ラ・トロンデ
保養地ならではのリラックスしたムードの朝食
The main dining of the hotel, La Rotonde Restaurant
Breakfast with reluxing atmosphere

シュークリームの外側だけのパン
choux, a kind of bread only outside of Cream puff

ゲランドの塩が入ったバター。これがすごく美味。
Butter with salt from Guérande is so tasty.

ディナーのフィッシュ・スープは濃厚な味。
I recommend you to taste Fish Soup at dinner time.

Royal-Thalasso Barrière

海岸にもレストランがある。レ・ポントン。
There is another restaurantt, Le Ponton, on the beach.

席からはラボールの海が見える。
We enjoy the view of the sea of La Baule from inside.

牡蠣は絶品。
The oysters are so fresh.

イヤル・タラソの楽しみの一つは食事だ。レストランは、建物内にあるラ・トロンデと、海岸にあるレ・ポントンの2つだ。多くの料理が地元の食材で作られている。何を食べてもおいしい。特に、隣町のゲランドの塩の入ったバターは想像を超えておいしい。海産物も新鮮だ。

I am sure that you will enjoy the food at Royal-Thalasso. There are two restaurant, La Rotonde, the main dining of the hotel, and Le Ponton on the beach. Most dishes are made from the local foods. Any dish is so tasty. I like very much the butter with salt from Guérande. Some Michelin starred restaurants use the salt. The taste will be beyond your expectation. The seafoods are very fresh, too.

Royal-thalasso Barrière

ホテル・エルミタージュ
Hotel Hermitage

ロビー
Lobby

スイートのバスルーム
Bathroom of a suite room

徒歩5分のところに別の5つ星ホテル・エルミタージュがある。リニューアルしたばかりで豪華そのものだ。このラボールのカジノと合計3つのホテルは、ラボールとその近郊への観光の玄関口と位置づけられている。ホテルとカジノ自体は小さくても、自転車で近隣をめぐることができる。右ページのゲランドまでは車で15分程度。

There is other 5 start hotel, Hotel Hermitage Barrière, with 5 minutes walk from Royal-Thalasso. Hotel Hermitage has been renovated lately. La Baule with three 5-star hotels and a casino is an entrance for the tourism to this region. You can cycle to the area near there. Guérande, the photos of which are shown in page 57, is a neighboring town, 15 minutes drive from the hotel.

Web information

About Hotel Royal-Thalasso Barriére
http://www.lucienbarriere.com/en/luxury-hotel/La-Baule-Royal-Thalasso-Barriere/home.html

About Hotel Hermitage
http://www.lucienbarriere.com/en/luxury-hotel/La-Baule-Hermitage-Barriere/home.html

About Casino Barriére La Baule
http://www.lucienbarriere.com/fr/Casino/La-Baule/ accueil.html

About La Baule
http://www.labaule.fr/en

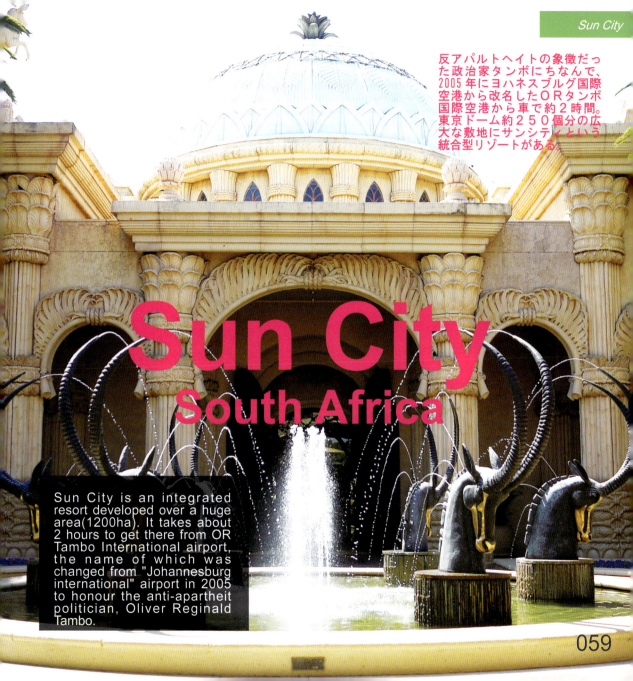

Sun City

Sun City
South Africa

反アパルトヘイトの象徴だった政治家タンボにちなんで、2005年にヨハネスブルグ国際空港から改名したORタンボ国際空港から車で約2時間。東京ドーム約250個分の広大な敷地にサンシティという統合型リゾートがある。

Sun City is an integrated resort developed over a huge area(1200ha). It takes about 2 hours to get there from OR Tambo International airport, the name of which was changed from "Johannesburg international" airport in 2005 to honour the anti-apartheit politician, Oliver Reginald Tambo.

Sun City

リゾート中に動物のオブジェが飾られている。
The resort has many statues of animals everywhere.

象牙もシマウマの毛皮も、現在の日本では見ることができないようなものばかり。

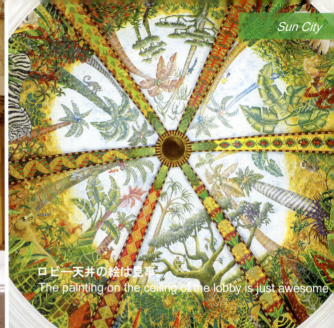

Sun City

ロビー天井の絵は見事。
The painting on the ceiling of the lobby is just awesome

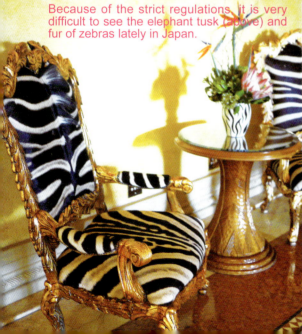

Because of the strict regulations, it is very difficult to see the elephant tusk (above) and fur of zebras lately in Japan.

客室もアフリカンだ。
The interior of the guest rooms is very African, too.

Sun City

Pilanesburg Game Reserve is just next to Sun City. You may see the Big Five.
サンシティの隣にピラネスバーグ動物保護区がある。色々な野生の動物が見られる。

Sun City

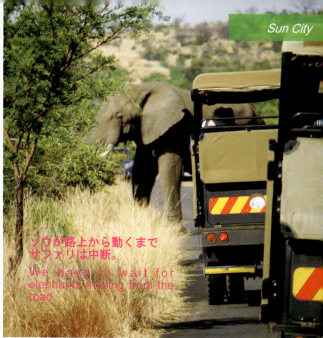

ゾウが路上から動くまで
サファリは中断。
We have to wait for elephants moving from the road

アニマルワールドのワニへの餌やり。ど迫力。
Feeding time to crocodiles at Animal World

サンシティ自体が、5万5千ヘクタール（東京ドーム約12000個の広さ）の13億年たった死火山のクレーターの一部だが、その多くがピラネスバーグ動物保護区（ゲーム・リザーブ）になっていて、野生の動物をサファリで見ることができる。サンシティ敷地内のアニマルワールドでは、ワニの餌やり風景が見られる。

Sun City is located in a 1.3 billion years old extinct volcanic crater covering over 55,000 ha including the adjacent Pilanessburg Game Reserve. If you are lucky, you will see the Big Five(Rhino. Elephant/Lion/Leopard and Buffalo). In the attraction called Animal World at Sun City, you enjoy watching the feeding time to Crocodiles.

Sun City

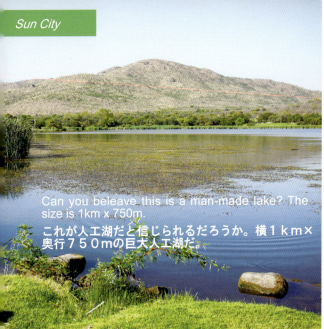

Can you beleave this is a man-made lake? The size is 1km x 750m.

これが人工湖だと信じられるだろうか。横１ｋｍ×奥行７５０ｍの巨大人工湖だ。

各種ウォータースポーツが楽しめる。
You can enjoy many water sports.

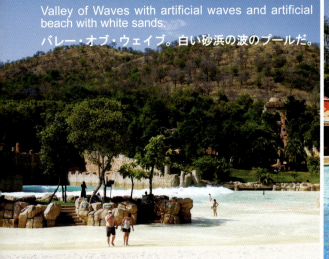

Valley of Waves with artificial waves and artificial beach with white sands.
バレー・オブ・ウェイブ。白い砂浜の波のプールだ。

大きなプールも気持ちがよい。
A wonderful and large outside pool.

Sun City

サウス・アフリカン・バーガー。スパイシーなチャカラカソースが食欲をそそる。
South African Burger. Chakalaka sauce is spicy and increases your appetite.

アフリカ独特のお土産もある。
Unique African souvenirs

スプリングボックの肉は普通においしい。
Springbok fillet is tasty.

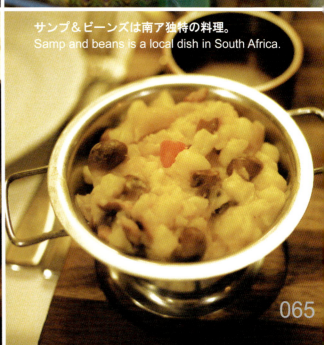

サンプ＆ビーンズは南ア独特の料理。
Samp and beans is a local dish in South Africa.

Sun City

これがジップ・スライドというアトラクション。
This is the "Zip Slide".

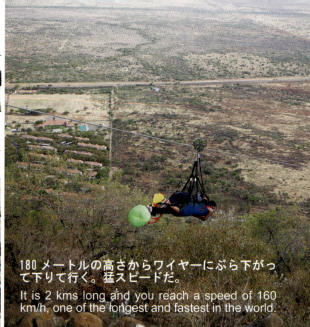

180メートルの高さからワイヤーにぶら下がって下りて行く。猛スピードだ。
It is 2 kms long and you reach a speed of 160 km/h, one of the longest and fastest in the world.

メイズという立体迷路
The Maza of the lost City

アフリカの伝統的な生活を垣間見る
カルチャービレッジ
Cultual Village showcases an African traditional life.

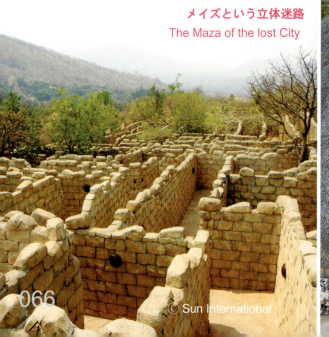

© Sun International

Sun City

サンシティには、ゲイリー・プレイヤー・カントリークラブと、ロストシティ・ゴルフコース（この写真）の２つのゴルフコースがある。ロストシティゴルフコースの１３番ホールの池にはワニがいる。

Sun City has two golf courses, Gary Player Country Club and Lost City Golf Course (this photo). The 13th hole's water hazard has crocodiles.

© Sun International

Genting Highlands

Resorts World Genting

Genting Highlands
Malaysia

ゲンティン・ハイランドは、マレーシアの首都・クアラルンプールから車で約1時間の高原にある。統合リゾートとしての最大の特徴は「農業」だ。

"Fun City Above the Could".
About one hour drive from the capital city of Malaysia, Kuala Lumpur, takes you to Genting Highlands. The biggest difference from the other integrated resorts is that Genting Highlands has some activities related to agriculture.

Ⓒ Resorts World Genting

Genting Highlands

ストロベリー・ファームでイチゴ狩り
Hand-pic your Strawberries at the Strawberry Farm

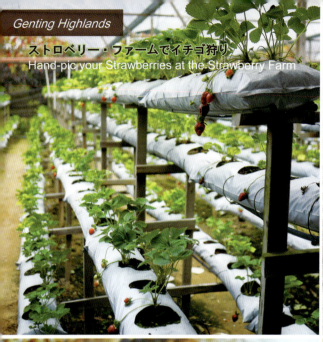

ストロベリー・ファームは子供連れに大人気。
Strawbrry Farm is very popular amongst families with childres.

ハッピー・ビー・ファーム（ミツバチ園）もある。
There is a "Happy Bee Farm and Insect World", too.

ハッピー・ビー・ファーム内のバタフライ・ガーデンには様々な蝶が優雅に舞う。
Happy Bee Farm has also a Butterfly Garden. Thre are many beautiful butterflies to see here.

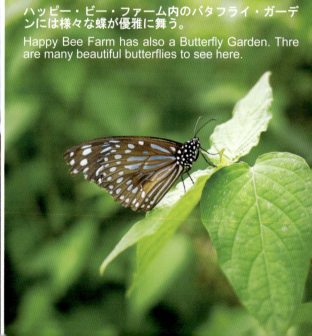

Genting Highlands

ゲンティン・スカイウェイは霧の中を進む。
One of the Aisa's longest and fastest cable car system, the Genting Skyway

500,000 sq tf Shopping and Entertainment at First World Plaza
約東京ドーム1個分の広さのショッピングモールと屋内遊園地があるファースト・ワールド・プラザ
© Resorts World Genting

きのこ園もある。
Mushroom Garden

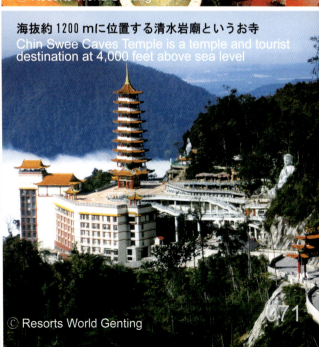

海抜約1200 mに位置する清水岩廟というお寺
Chin Swee Caves Temple is a temple and tourist destination at 4,000 feet above sea level

© Resorts World Genting

Genting Highlands

The world's first "Twentieth Century Fox World Theme Park" is opening in 2016. It will include famous movies namely "Ice Age", "Rio", "Alien v Predator", and "Night at The Museum".

２０１６年には２０世紀フォックスワールド・テーマパークが開業予定。世界最初の２０世紀フォックスのテーマパークになる。アイス・エイジ、リオ、エイリアンＶＳプレデター、ナイトミュージアムなどの映画に関するものができる予定とのこと。

Web information of Genting Highlands
http://www.rwgenting.com/

© Resorts World Genting

Marina Bay Sands

Marina Bay Sands

Singapore

マリーナベイサンズは、おそらく日本で一番有名なＩＲだろう。アイドルグループＳＭＡＰのテレビＣＭの効果は絶大だ。世界どこのリゾートも中国人ゲストであふれているが、ここだけは日本人も負けていない。

Marina Bay Sands may be the most famous integrated resort among Japanese people, because of the TV commercial by the popular idol group SMAP.

Marina Bay Sands

これがかの有名な屋上プール「スカイパーク・インフィニティ・プール」だ。利用は宿泊者限定。水着を持って行ったにもかかわらず、取材でも、プールには入れてもらえなかった（苦笑）。このためだけに宿泊する価値はある。

This photo shows the famous infinity swmming pool at Sands Skypark. Only hotel guests have the execlusive use of the swimming pool..

OVER THE WORLD ON A PLATE
ANNUAL FOOD & WINE FAIR
12 – 14 SEP 2014

MARINA BAY SANDS
EPICUREAN MARKET

An event "Epicurean Market" was held, when I visited the resort.
私が取材した日は「エピキュリアン・マーケット」という食のイベントを開催していた。

Marina Bay Sands

「WAKU GHIN」の和久田哲也シェフ。シェフ自らこのイベントに参加していた。WAKU GHINは、2014年の「世界のベスト・レストラン50」で第50位にランキングされた。

Chef Tetsuya Wakuda of "Waku Ghin" himself in the event. This restaurant at Marina Bay Sands was ranked No 50 by World's 50 Best Retaurant list in 2014.

このサンズ・エキスポ＆コンベンションセンターは広さが12万平米。東京ドーム約2.5個分。ラスベガスのサンズの21万平米、マンダレイベイ（P23参照）の約16万平米には及ばないがシンガポール最大だ。
The "Sands Expo and Convention Centre" has the area of 1.3 million square feet.

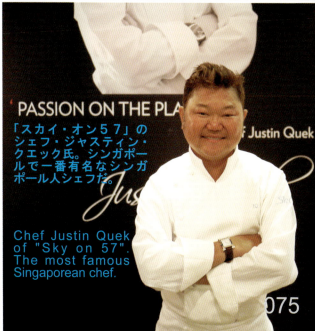

PASSION ON THE PLATE

「スカイ・オン57」のシェフ・ジャスティン・クエック氏。シンガポールで一番有名なシンガポール人シェフだ。

Chef Justin Quek of "Sky on 57". The most famous Singaporean chef.

075

Galaxy Macau

Galaxy Macau

まさに「マカオ」という外観だ。
The exterior of Galaxy Macau has the typical atmosphere of Macau in my opinon.
© Galaxy Macau

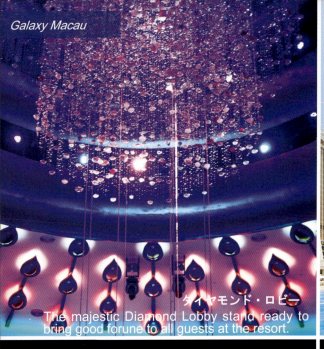

Galaxy Macau

ダイヤモンド・ロビー
The majestic Diamond Lobby stand ready to bring good forune to all guests at the resort.

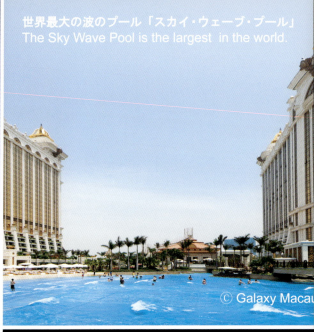

世界最大の波のプール「スカイ・ウェーブ・プール」
The Sky Wave Pool is the largest in the world.

© Galaxy Macau

個人的には、このザ・マッカラン・ウィスキー・バー・アンド・ラウンジと右の写真のザ・ダビドフ・シガーラウンジの雰囲気が好きだ。

I personally like the atmosphere of Macallan Whisky Bar & Lounge (left photo) and the Davidoff Cigar Lounge (this photo) very much.

078

Galaxy Macau

ギャラクシー・マカオのよいところは、他の特徴のあるホテルを併設しているところだ。ギャラクシー・マカオはそうは感じなかったが、一般にカジノのホテルは建物は立派だがサービスが弱い印象がある。そういう意味では、専業ホテルを併設すると滞在客は快適だ。写真はホテルオークラマカオの日本料理レストラン。

The good point of Galaxy Macau is to have the other first class hotels together. Generally saying, hotels operated by casino operaters sometimes do not give us good services, though I did not feel so at Galaxy Macau. Now the guests can choose Galaxy Macau or the other hotels in the same area. This photo is the Japanese restaurant at Hotel Okura Macau.

© Hotel Okura Macau

Galaxy Macau

もう一つの併設ホテルが、バンヤンツリーマカオだ。バンヤンツリーはスパで有名だが、ここマカオのスパもさまざまな賞を受賞している。

Also located at Galaxy Macau is the South Eeas Asian luxury property Banyan Tree Macau. Internationally famous for its award-winning, Banyan Tree Spa, providing 'Sanctuary for the Senses' relaxing treatments.

© Banyan Tree Macau

Galaxy Macau

ギャラクシー・マカオは、毎年１１月に開催されＦ１への登竜門と言われるＦ３のマカオ・グランプリのスポンサーの一つで、ダブルＲレーシングというチームのスポンサーでもある。

Galaxy Macau is also a proud sponsor and participant of many international sporting events, including the famous Macau Grand Prix, held every November and considered the gateway to Formula 1 racing. Picture here is Galaxy's own Double R Racing team car.

© Galaxy Macau

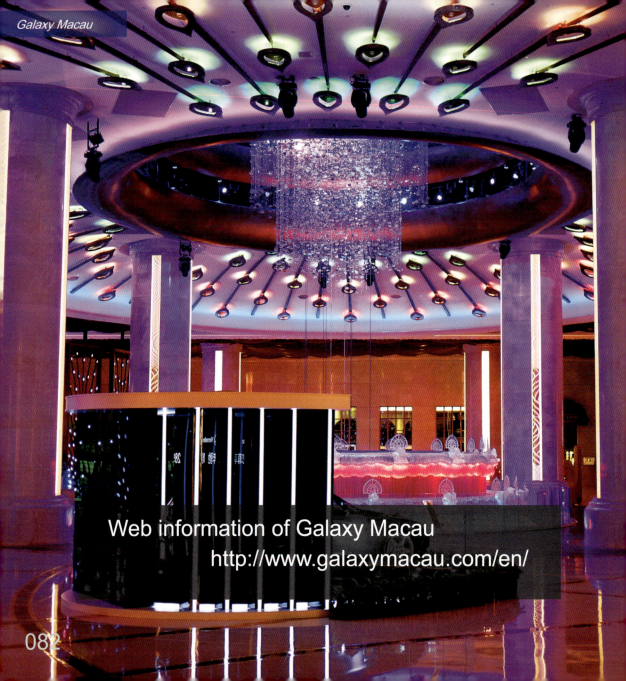

Other topics
in a case of MGM Resorts International

統合型リゾート（IR）は２４時間・３６５日オープンである場合が多い。そこで働く人には２４時間オープンの保育園や社員食堂は必要だ。ここではＭＧＭリゾーツ・インターナショナルの例を紹介する。

In most cases, the Integrated resorts are open for 24hours in 7 days a week. It is necessary to have a day care center for children of the employees and cafeteria open for 24 hours for the employees. I introduce a case of MGM Resorts International in Las Vegas.

Other Topics

ここが社員向け保育園だ。
Entrance of Child Development Center

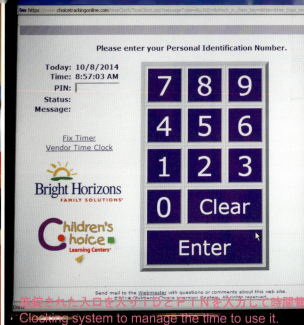

施錠された入口を入りIDとPINを入力して時間管
Clocking system to manage the time to use it.

月齢別に教室がある
They have different rooms for age groups.

084

月齢別にその日のカリキュラムがある
Different curriculums for age groups.

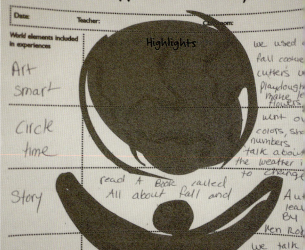

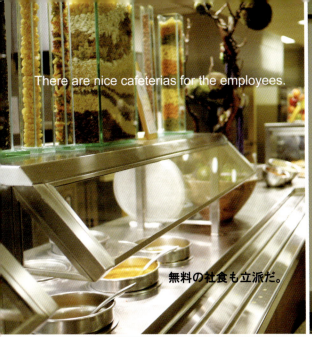

There are nice cafeterias for the employees.

無料の社食も立派だ。

Other Topics

JIM MURREN

Chairman of the Board & Chief Executive Office

MGM RESORT INTERNATIONAL

The photos of their management are shown on the wall near the cafeteria.

経営陣の写真が社食の廊下にある。

これが今日の社長のお勧め

Jim's Plate

TODAY'S MEAL

This is the Jim's reccomendation of a day.

Grilled Chicken Salad

667 total calories | 29g total protein
109g total carbohydrates | 18g total fat

MGMのチャイルド・デベロップメント・センターはラスベガスで一番安い保育園らしい。費用は税前の給料から支払えるPRETAX方式。1日約300人の子どもが利用する。所内にはコックが2人おり2時間ごとにミールが出る。ホテルの地下には無料の社食がある。経営陣の写真が壁にあり、社長のジムのおすすめヘルシーメニューもある。

The fare to use the Child Development Center is one of the lowest in Las Vegas. The employees are able to pay the fare using pretax money directly from their paycheck. A clock in and clock out system is located near the entrance and tracks the attendance of the children. The Center is able to care for 300 children each day. Each property has an area for employees to eat for free called Employee Dining Rooms (EDR). The EDRs are located in the back of house area where photos of management as well as menu items, including Jim's Plate, are displayed

コラム

「IR=カジノ+α」の「α」にはどういうものがあるのか？
世界最初のIRについて調べながら、考えてみた。

石井　至

私は、観光立国推進有識者会議委員という政府有識者を2013年度、2014年度と務めている。この有識者会議の目標の一つは、2013年に1千万人を超えた外国観光客数を2020年までに2千万人にすることだ。そのためには、観光地としての日本のすばらしさをさらに情報発信するだけでなく、航空路線の充実、日本到着後の交通網、Wifi、外国語表記などの一連の環境整備をすることはもちろんだが、その切り札と成り得るのが、IR（インテグレーティッド・リゾート。以下「統合型リゾート」あるいは単にIRと言う）だと思っている。

よく引用される例だが、シンガポールでは、IRができてから外国人観光客が約6割増加したとされている。2009年の統合リゾート施設開業前の約968万人から2013年の約1560万人（2013年）へ約590万人（約60%）増加した、とSTB（シンガポール・ツーリズム・ボード）が発表している。日本においてもIRができることで外国人観光客が6割増になってくれるといいが、もちろん単純にそうなるとは考えていない。それでも何割かの増加にでもつながれば、目標達成に一歩も二歩も近づくことができる。

IRとは、カジノにMICE（*M*eeting（会議）+ *I*ncentive tour（報奨旅行）+ *C*onvention（大会）+ *E*xhibition（展示会））、ホテル、ショッピングモール、エンターテインメントを統合（integrate）した施設であると一般に定義される。全面積に対し、カジノの面積は5%程度とされる。

執筆時点（2014年12月5日現在）で、特定複合観光施設区域の整備の推進に関する法律案（通称、IR整備推進法案）は2014年中に採決されず2015年に先送りされた。ただ、早かれ遅かれこの法案が通ることに個人的には疑いがない。可能であれば、2020年の東京オリンピック・パラリンピックに間に合うようにいくつかのIRができあがることを願っている。

IRをカジノの美称だと思っている人もいるかもしれない。便所をお手洗い（便所の美称）と呼ぶように、「カジノを美しく呼ぶための名前がIRなんじゃないの？」という疑念があるかもしれない。正直なところ、私も以前はそう疑っていた。しかし今は違う。==IRとカジノはまったくの別物==だと断言できる。私は、個人的には博打の類をまったくしない。なので、カジノのメッカ・ラスベガスにも一度も行ったことがなかった。カジノに興味がないから、ラスベガスに行ってもしょうがないと思っていた。しかし、2014年10月にラスベガスを訪問して（ガッツ石松流に言えば）意見は380度変わった。ラスベガスはカジノで博打をしなくても十分に楽しい場所だった。だからこそ、今は心の底から「カジノとIRは別物」だと断言できる。単純に言えば、IR=カジノ+αという方程式の中で、αに魅力があったのだ。カジノの売上では、ラスベガスはマカオ、シンガポールに次いで世界3番目ということだが、αの楽しさという点では圧倒的にナンバー

ワンだった。日本では、簡単に言えば、（法案ができていない現時点での憶測ではあるが）ＩＲを造りたい地方自治体が具体的なプランを添えて政府に申請し、その中から政府は数カ所を指定、そこにＩＲができるというシナリオになると言われている。つまり、２０１５年から２０１６年にかけては、ＩＲを造りたいと手を挙げる地方自治体は、具体的なプランを作らないといけない。つまり、私の方程式で言うところの＋αの「α」の部分をどうするかを考えないといけないということだ。この旅行ガイドでは、その「α」にはどういうものがあるのか紹介しているが、ここでは別の角度から概要を説明したい。

世界最初のＩＲはどこか

ＩＲという言葉自体は、シンガポールにＩＲをつくるとき、それこそカジノの美称として登場した言葉だという説がある。たとえば、英語版ウィキペディアでは「integrated resort」の説明として、「An integrated resort (IR) is a Singaporean casino-based vacation resort. The term "integrated resort" is a euphemism used because of opposition to casinos.」（意訳すると、「統合型リゾートというものはカジノを基礎としたシンガポールのリゾートである。統合型リゾートという言葉はカジノに対する反対意見に配慮した婉曲表現だ」）とある。私が問題提起する「世界最初のＩＲとは？」という問題意識は、用語としてのＩＲが登場時期を問うものではなく（それだとシンガポールにできた時期になる）、実際にカジノと他のものを組みあわせたリゾートが世界で最初にできたのはいつかという実質的な話である。では、世界最初のＩＲはどこなのか。

情報収集をしたときに、世界最初の統合型リゾートとして名前が挙がってきたのが、マレーシアのゲンティン・ハイランド (P71-74)、南アフリカのサン・シティ (P59-70)、ラスベガスのシーザーズパレス (P6-12) の３つだ。しかし、正確な詳細な情報はなかったので、調べることにした。

ゲンティン・ハイランド（マレーシア）

ゲンティン・ハイランドは、マレーシアの首都・クアラルンプールから車で１時間ほどの高地にある。ゲンティンというマレーシアの財閥は、元々、林梧桐（リン・ゴー・トン）という実業家によって創設された。林は１９１８年にウーロン茶で有名な中国福建省の安渓で生まれ、１９才のときに叔父を頼ってマレーシアに移住。その後、鉄屑や土建業で財を成していった。ゲンティン・ハイランドをつくろうと思ったのは、１９６０年前後に、彼の会社がキャメロン・ハイランドにダムを造る工事を受注したことがきっかけだった。キャメロン・ハイランドはマレーシアを代表する高原リゾートで、日本で言うと、軽井沢だ。キャメロン・ハイランドが世界中で有名になったのは、１９６７年、タイのシルク王として知られた米国人ジム・トンプソンが休暇中キャメロン・ハイランドで突然失踪したことによる。トンプソンはその後も発見されることはなく、まさに謎の失踪として色々な憶測がなされた。その事件を題材に、松本清張は小説「熱い絹」を書いた。林は、１９６０年前後にそのキャメロン・ハイランドでのダム建設工事のために滞在しているうちに、素晴らしい高地の気候は子どもたちの健康に良いと思い、家族で楽しめるリゾートを高地につくろうと思った。それが１９６４年の話だ。翌１９６５年にはハジ・モハメッド・ノア氏（マレ

ーシアの最大政党・統一マレー国民組織の創立メンバーで初代下院議長。ビジネスマンでもある）と一緒にゲンティン・ハイランド社を設立。1969年にはマレーシアで最初かつ唯一のカジノライセンスを取得し、1971年にゲンティン・ハイランドをオープンした。最初はホテルとカジノだけだったが、1980年代にはゴルフ場、1990年代前半には屋内・屋外のテーマパークや清水岩廟と呼ばれる寺院も造った。1990年代後半にはゲンティン・スカイウェイと呼ばれる東南アジア最長・最速レベルのケーブルカーを導入した。つまり、ゲンティン・ハイランドの場合、統合型リゾートの構想は1964年の時点で作成されたが、その後の開発に時間がかかり、1990年代前半には統合型リゾートとしての体裁を整えたと言えるだろう。開発に時間がかかった理由は行けばわかる。ゲンティン・ハイランドは急な長い坂を上ってようやく到着する。標高は1800m。道路がなかった高地を開発したのだから、時間がかかって当然だ。林梧桐の継続的な熱意に敬意を表したい。今のゲンティン関係者からは感じないが、創業者の林のアイディアには子どもに対する強い愛情をはっきりと感じる。

サン・シティ（南アフリカ）

南アフリカのサン・シティはどうだろうか。サン・シティは南アのヨハネスブルグ空港から車で約2時間のところにある。サン・シティの歴史は、私のように歴史に疎い日本人にとっては理解に時間がかかる複雑な話だ。私が理解した概要は次のとおりだ。

サン・シティは1979年に、ボプタツワナと呼ばれるバントゥースタン（かつて南アに存在した自治区・独立国）に誕生した。当時、南アではカジノやトップレスのショーはモラルに反した娯楽として禁止されていた。しかし、隣接する「独立国」であるボプタツワナでは合法だった。そのため、オープン直後から、アパルトヘイト政策で分離されていた南アの白人に人気の行楽地であった。その人気は、2005年に南アのゲーミングライセンスが他の企業にも公開されるまで続いた。

ここで、バントゥースタン（自治区・独立国）について少し説明しよう。南アフリカでは、20世紀初めに、ボーア戦争（Boer War）と呼ばれる、イギリスとオランダ系ボーア人（アフリカーナー）間の植民地化の主導権を争う戦争があった。それはイギリスの圧倒的な勝利に終わった。その後、イギリスは南アフリカにおける支配を確実にするために、ばらばらだった植民地を併合し1910年に南アフリカ連邦を成立させる。南アフリカ連邦では、同じ白人でも、イギリス系白人とアフリカーナーとの間の経済格差は顕著だった。アフリカーナーは「プアホワイト（貧困白人）」とさえ呼ばれるようになった。そこで政府は、アフリカーナーの不満を解消するために、白人労働者の賃金を黒人よりも高くするなどの「人種分離政策」（アパルトヘイト）を実施するようになった。このようにアパルトヘイトは20世紀前半から存在した。しかし、明確に法制化されたのは1950年以降だ。1950年の人口登録法（Population Registration Act。社会的権利、参政権、教育、賃金などを人種によって制限した法律）や集団地域法（Group Areas Act 人種によって居住地区を制限した法律）によって明確に法制化されたのである。その一連のアパルトヘイトの法制化の一つに、1959年に成立したバ

ントゥー自治促進法という法律がある。南アフリカを白人地域（約9割）と黒人地域（約1割）に分け、さらに黒人地域を10の主要部族ごとに「バントゥースタン」（自治区・独立国の意味。バントゥー語で人々を意味する「バントゥー」とペルシャ語で「土地」を現す接尾語の組み合わせた造語。「ホームランド」とも言われた）を設定し、強制的に移住させた。さらに1970年のバントゥー・ホームランド市民権法により、すべてのアフリカ人がいずれかの「ホームランド」の「市民」にさせられた。つまり、黒人が南アに来ると「出稼ぎ外国人労働者」とされたので、白人のアフリカーナーとの待遇の違いがあっても、まったく問題にならなくなったのだ。その「ホームランド」の一つにボプタツワナがあり、ボプタツワナは1972年に「自治区」になり、1977年に「独立」した。

1979年、そこにサン・シティというリゾートを造ったのが、ソル・カーズナーという南ア生まれのロシア人だ。ソルの秘書をしていたヘリアンというインドネシア人女性は今でもサン・シティの広報担当者として働いているが、彼女によれば、ソルは最初、南アのダーバンという街（南ア第二の都市）のホテルでポーターとして働いていたと言う。ソルは「ビジョンの人」で、こういうホテルを建てたいという夢を持ち、それを人に説明する術に長けていた。また、ホテルのポーターをしていたから、その街の客の中で誰がお金持ちで、投資家に成り得るのかもわかっていた。ホテルの客の中から投資してくれそうな人に自分の計画（ビジョン）を説明し、集めたお金でホテルを買収していった。10年間で4つのホテルを買収し、その後に計画したのがサン・シティという新しいリゾートの開発だった。サン・シティは1978年6月に着工し、わずか16か月後の1979年12月にオープン。横1ｋｍ×縦750ｍの大きな人工湖、ゲーリー・プレーヤー設計の2つのゴルフ場も同時にオープンした。サン・シティ・スーパーボウルというコンサート会場は1981年に落成し、最初のコンサートはフランク・シナトラだった。その後、ソルはサンのブランドで世界中にリゾートをつくり、アフリカ6カ国の他にスイスやチリにもリゾートを持つようになった。が、2004年の南アにおけるカジノライセンスの公開に伴い、2005年にサンの経営からは撤退した。

撤退する3年前の2002年に超高級リゾートとして有名なワン＆オンリー・リゾーツを新ブランドとして立ち上げている。実は、私はそんな経緯があるとは知らずに、ケープタウンやモルディブのワン＆オンリーに取材に行ったことがある。いずれも世界で最高水準のリゾートだった。

シーザーズパレス（ラスベガス）

ご存じのとおり、ラスベガスには、1931年のネバダ州でのギャンブル解禁以降、多くのカジノホテルがあった。が、最初の統合型リゾートと言えるものは1966年開業のシーザーズパレスだ。

1966年にシーザーズパレスが統合型リゾートとして開業したという話は、実は、シーザーズパレスを運営するシーザーズ・エンターテインメント社の人から聞いたのではなく、ベラージオなどを運営するＭＧＭリゾーツ・インターナショナルの上級副社長のアラン・フェルドマンさんから最初に聞いた。アランさんは長年ラスベガスで働く生き字引のような人で、ＭＧＭのことばかりを考えずに、ラスベガスあるいはカジノ業界全体を考える数少ない人だ。

コラム

その事実確認をシーザーズ社の広報の人にお願いしたところ、始めはなかなか確認できなかった。が、その後、彼らがリサーチして送ってきた資料にシーザーズパレスを造ったジェイ・サルノの伝記があった。出版は最近（２０１３年１２月）だ。タイトルは「Grandissimo : The First Emperor of Las Vegas」。

ジェイ・サルノは紆余曲折を経て、１９５８年、３６才のときにアトランタ・カバナ・モーテルというホテルをアトランタに造った。そのホテルが成功し、それを足掛かりに本格的にホテルビジネスに参入した。

なぜアトランタ・カバナ・モーテルが成功したのか。それは第二次世界大戦後のアメリカ人の好みの変化を敏感に感じ、それにうまく対応したからだ。第二次世界大戦を通じて、以前は海外に興味をまったく持たなかったアメリカ人が外国に興味を持つようになっていた。ジェイはその変化を敏感に感じ取り、ホテルのデザインに、「ネオ・バロック調」のデザインで一世風靡したモーリス・ラピダス（マイアミのフォンテンブローやエデン・ロックを設計したことで著名）のデザインをヒントに取り入れた。ネオ・バロック調というのは、１９世紀中ごろにフランスのナポレオン３世の時代に復活したバロック建築様式だ。たとえばルーブル宮殿（今のルーブル美術館）新館は、イタリア・バロック風の彫塑的な壁面とマンサード屋根（屋根の上部の勾配は緩やかで、下部が急になっている腰折れ屋根）を組み合わせたもので、ネオ・バロック調の典型だ。外国に興味を持つようになったアメリカ人に、この新しいホテルは一気に人気のスポットになった。ジェイとラスベガスとの接点はその後だ。

ジェイは個人的にもギャンブルをやっていたらしい。それも結構派手だったようだ。１９６３年に、ラスベガスのカジノホテルの一つフラミンゴは、ジェイが「野性的なギャンブラー」であるという噂を聞きつけ、ジェイをフラミンゴに招待した。その招待で初めてラスベガスに足を運んだジェイはこう感じた。「さすがにラスベガスはギャンブルが盛んだ。だが、すごいところだとは思わない。なぜなら、よいホテルが一つもないからだ」と。そして同時に、「自分なら素晴らしいホテルをラスベガスに造ることができる」と確信するにいたった。

では、ジェイはどんなホテルをラスベガスに造ろうと思ったのか。やはりネオ・バロック調のホテルがいいと思ったのだろうか。実はそうではなかった。アメリカでは、１９５１年に「クォ・ヴァディス」（ラテン語で「どこに行くの？」という意味）という映画が流行った。ポーランド人の作家ヘンリク・シェンキェヴィチが、西暦１世紀のローマ帝国を舞台とした書いた歴史小説を映画化したものだ。ちなみに、「クォ・ヴァディス」という言葉自体は、新約聖書の『ヨハネによる福音書』13章36節にある最後の晩餐のシーンで、ペトロがイエスに聞いた質問のセリフである。また、１９５９年には「ベン・ハー」という映画が流行した。１８８０年にアメリカ人作家ルー・ウォーレスが、西暦１世紀のローマ帝国時代下のユダヤ人貴族ベン・ハーの人生をイエス・キリストの生涯と交差させて描いた小説「ベン・ハー」を映画化したものだ。小説「ベン・ハー」はすごく売れた。後に１９３６年に「風と共に去りぬ」が出版されるまで、ベストセラー記録を破られなかったほどだったらしい。

これらの現象を一言で言えば、１９５０年代から６０年代前半にかけては、グレコローマン（ギリシャ・ローマ風）がアメリカでブームになっていたということだ。

その証拠に、古代ローマ時代をテーマにした「A Funny Thing Happened on the Way to the Forum」という１９６２年に公開されたブロードウェイのミュージカルは、その年のトニー賞を受賞している。また、１９６３年に、２０世紀フォックスが映画「クレオパトラ」を制作したが、その製作費が４４００万ドルという史上空前の金額だったことは有名だ。そのくらい、グレコローマンがブームだったということだ。

そこで、ジェイ・サルノは、ローマ時代の有名な政治家であり軍人であるジュリアス・シーザーをモチーフにすることを思いついた。さらに、アメリカで最も良いレストランがあり、最もよいエンターテイナーがいて、最もゴージャスな客室がある「砂漠の別荘」をコンセプトとしたホテルを造ろうと決心した。そこに泊まったお客さんはもう他には泊まりたくないと思うほど立派なものを造ろうとしたのだ。

実際、１９６６年に開業したシーザーズパレスは、豪華なホテルとカジノだけの施設ではなく、サーカス・マクシモという８００席のコンサート会場、ナイトクラブ、ショッピングモールを併設した統合型リゾートになった。

まとめ

以上をまとめると、ゲンティン・ハイランドは構想こそ１９６４年と早かったが、統合型リゾートとしての体裁を整えたのは１９９０年代。サン・シティは構想が１９７７年あるいは７８年、開業は１９７９年。シーザーズパレスは構想が１９６３年、開業は１９６６年。つまり、私が世界中を回って調べた限りでは、統合型リゾートという構想は、ゲンティンの林と、シーザーズのジェイ・サルノがほぼ同時期に独立的に考えたが、実際に開業したのは圧倒的にシーザーズパレスが早かった、というのが今のところの結論だ。他の情報をお持ちの方がいれば、ぜひ教えてほしい。

統合型リゾートの「α」

初期のシーザーズパレスでは、統合型リゾートの＋「α」の部分は、レストラン、ショッピングモール、ナイトクラブ、コンサート会場だったわけだが、現在の世界のＩＲではどのような＋「α」があるのだろうか。また、日本にＩＲができるときは、どのようなものが「α」たり得るのだろうかを考えてみよう。

グルメ

まずはグルメだ。シーザーズパレスのジェイ・サルノが「アメリカで最も良いレストラン」をシーザーズパレスに持ってこようとしたのは先ほど書いたとおりだが、実際、現在のラスベガスはアメリカで「最もミシュランの星が多い街」だという。ついでに言えば、ラスベガスは「世界で一番、元五輪選手が多く住んでいる街」でもあるらしい。さまざまなショーをやっているからだろう。

私が２０１４年１０月にラスベガスを訪問したとき、シーザーズパレスで「ギー・サボア」という２つ星のフランチ・レストランでプレショー・ディナーを賞味し、（今はどこにでもある感はあるが）ＮＯＢＵでも食べた。アメリカで唯一、中華料理でミシュランの星をとったレス

コラム

トランはラスベガスのウィンにあるウィング・レイだ。また、フランスの南ブルターニュ地方の街・ラボールにはフランスのカジノホテル会社バリエールのカジノと3つの5つ星ホテル（ホテル・エルミタージュとホテル・ロイヤル・タラソ・バリエールなど）がある。ラボールは綺麗な海と空気で有名なところで、隣町のゲランドの塩田は有名だ。そこでとれた塩は「フルール・ド・セル」と呼ばれ、ミシュラン3つ星レストランで使われるほどだ。ホテルで提供されるゲランドの塩が入ったバターは驚くほど美味だ。

日本のIRで、「＋α」足り得るグルメは何であろうか。2020年までに開業するであろう最初の4つから6つのIRで取り合い必至なレストランは、==東京・六本木にある「日本料理・龍吟」==だ。英国の雑誌「レストラン」で毎年発表される「世界のベストレストラン50」の2014年版で日本料理で最高位の33位。もちろんミシュラン3つ星だ。海外での評価が他の日本料理レストランとはまったく違う。「龍吟を食べずして料理を語るべからず」というコメントが海外のカジノ運営会社の人の口から出るほどだ。また、すでに外国人に人気な「新横浜ラーメン博物館」も十分集客力があるだろう。北海道の食材やスイーツもIRの人気コンテンツたり得る。

テーマパーク

テーマパークでは、シンガポールのリゾート・ワールド・セントーサにある「ユニバーサル・スタジオ」や、ゲンティン・ハイランドにまもなく登場する20世紀フォックスのテーマパークなどが海外の典型的な例だ。遊園地的な要素という意味では、ラスベガスの「ハイ・ローラー」と呼ばれる世界一高い大観覧車も該当するだろう。また、南アのサン・シティには「ジップ・スライド」という絶叫アトラクションもある。山の上からケーブルにぶら下がって高速で降りるアトラクションだ。

日本では、すでに人気のある「藤子・F・不二雄ミュージアム」（川崎市）、猫ではないと会社が公式発表したキティちゃん（海外ではハローキティ）の「サンリオ・ピューロランド」（東京都・多摩市）のブランチなどとIRの組み合わせは十分あり得るだろう。沖縄にユニバーサル・スタジオが進出することが検討されているようなので、シンガポールのような形を連想させる。麻生元首相提案で民主党政権で中止になった「マンガ博物館」（国立メディア芸術総合センター）も内容によっては爆発的な集客力を持つだろう。「NARUTO －ナルト－」や「ONE PIECE」などのマンガは世界的に人気がある。

また、現時点ではテーマパークにはなっていないが、東南アジアで人気のコンテンツは「おしん」だ。「おしん」の主な舞台は山形と東京だから、首都圏のIRに「おしんミュージアム」というのはアリだ。山形と連携して山形の観光振興につなげるのもIRと地方の新しい連携のモデルになるのではないか。「おしん」の生きざまを見せるのは、海外の若い世代に、あるいは、日本人の若い世代にも、辛抱強く、かつ、常に前向きという日本人気質の一端を示すよい機会になる。訪日外国人は日本のロボット技術や自動車技術にも関心が高い。日本人にはもう古い感じもあるが、日本未来科学館は人気スポットだ。電気自動車で最先端の日産の本社は横浜にあり、今も「チョイモビ」（超小型電気自動車の廉価有料カーシェア実証実験）が横浜市で行われている。先端技術を体験できる施設をテーマパークとしてIRにつくるというのもいいと思う。余談になるが、今の現代では必要不可欠になっているものを近未来と

コラム

して提示したのが１９４４年のニューヨーク万博だった。「見えるラジオもあったのよ」とニュースキャスター木村太郎の姉・利根子が弟に語ったのはテレビのことだが、米国の放送局ＮＢＣはニューヨーク万博を機にテレビの本格的な放送を始めた。ＩＢＭがパンチカードを使ったコンピューターを始めて公開したのもこの万博だ。実はグローバリゼーションという言葉の誕生もこの万博に関係している。詳しいことは「ディア・グロリア」木村太郎著（新潮社）をご覧頂きたいが、メイド・イン・ジャパンの近未来技術を提示するテーマーパークをＩＲにつくるのもよい。

ショー

ラスベガスのシルクドソレイユやコメディ、シーザーズパレスのコロッセオのショー（私が見たときはロッド・スチュワートだった）、ベラージオの噴水ショーは見事だ。

日本のＩＲでショーを毎日行うアーティストとしては、海外で人気があり即戦力で通用するのは「きゃりーぱみゅぱみゅ」だろう。また、「２０２０年、キャバレーで海外のお客さんをおもてなししたい」と公言している椎名林檎のパフォーマンスは外国人にも十分通用する。Ｂ'ｚも有力候補だろう。

京都のギオンコーナーではほぼ毎日、ゲイシャダンスのパフォーマンスを披露していて外国人に人気だ。外国人のゲイシャ人気は根強い。コメディでは、陣内智則がラスベガスにて英語でネタを公開したが、ＩＲを見据えての活動だろう。歌舞伎の市川海老蔵はシンガポールのマリーナ・ベイ・サンズにて英語で口上を述べた。ＩＲに歌舞伎座のブランチを構えるのもアリだ。

日本にベラージオができたら、噴水ショーも当然できるだろう。フランク・シナトラの「フライ・ミー・トゥー・ザ・ムーン」は個人的にぜひ音楽リストに入れてほしいが、日本でやるのだから坂本九の「上を向いて歩こう」（スキヤキソング）はレパートリーに入るだろう。

スポーツ

ラスベガスのウィンは、ストリップ（ラスベガスのメインストリート）に唯一ゴルフコースを持つ。やることがたくさんあるラスベガスでは、ゴルフ場への往復に時間がかからないのはありがたい。フランスのラボールではゴルフだけでなくテニスも盛んだ。日本では、せっかくだから、子どもたちが楽しくスポーツができる施設も併設してほしい。

観るスポーツとしては、世界に誇る最先端多目的ドームである札幌ドームのノウハウを生かして、ＩＲにプロ野球のホームチームをつくり（ＩＲ的観点で言えば、アジアの外国人選手をもっと増やすべきだ）、プロ野球だけでなく、大相撲のトーナメントを実施すると外国人に人気が出ること請け合いだ。また日本でもマカオ・グランプリのようなモータースポーツも取り入れることができる。

動物園・水族館

シンガポールのリゾート・ワールド・セントーサには世界最大と言われる水族館がある。ラスベガスのミラージュにはホワイト・ライオンやホワイト・タイガーがいるし、イルカのショーもある。マンダレイ・ベイにも水

（→袋とじに続く）

９４頁・９５頁は袋とじになっています。ペーパーナイフなどで綺麗に切り離してください。

世界のＩＲ（統合型リゾート）
日本人のあまり行かない世界のセレブ・リゾート６

The Integrated Resorts in the World
Famous Resorts for Global Rich Celebrities, but unknown in Japan, Volume 6

著者・写真（クレジット表記等がないもの）・編集

石井　至（いしい・いたる）観光立国推進有識者会議委員（2013年度、2014年度）。カンボジア観光省アドバイザー。1965年北海道生まれ。東京大学医学部卒。Ph.D.。著書は、このシリーズの他、「グローバル資本主義を卒業した僕の選択と結論」（日経ＢＰ）、「慶應幼稚舎」（幻冬舎新書）、「慶応幼稚舎と慶應横浜初等部」（朝日新書）など多数。

Author /Photos(without credit) /Edit
Itaru Ishii, born in 1965 in Hokkaido, Japan. Graduated University of Tokyo, Faculty of Medicine. Ph.D. Member of Advisory Council on Tourism Nation Promotion of Japan (Apr2013~), Advisor to Minister of Tourism of Cambodia. He has over 40 books published, including this series, e.g. "My choice and Conclusion after I Graduated Global Capitalism" (Nikkei Business Publishing).

2015年1月20日　　初版第1刷発行
　　　　　著者　　石井　至
　　　　発行人　　石井　至
　　発行・販売　　石井兄弟社（http://www.ibcg.co.jp）
　　　　　　　　　〒150-0001　東京都渋谷区神宮前1-17-5-503
　　　　　　　　　電話：03-5775-1385　FAX：03-5775-1386
　　印刷・製本　　株式会社シナノ書籍印刷
　　　　　ISBN　　978-4-903852-12-6
　　　　　　　　　Printed in Japan
　　　　　　　　　Copyright © 2015 Itaru Ishii, All right reserved
　　　　　　　　　落丁・乱丁本はお取替えいたします。

94頁・95頁は袋とじになっています。ペーパーナイフなどで綺麗に切り離してください。